AF529372

Evincepub Publishing

Evincepub Publishing

Parijat Extension, Bilaspur, Chhattisgarh 495001
First Published By Evincepub Publishing 2021

ISBN: 978-93-5446-104-0

साक़ी तू पिला दे आज

धीरज अग्रवाल

कविता के बारे में

"साकी़ तू पिला दे आज" कविता ना मेरी और ना ही आपके बारे में है, यह हर उस शख्स के बारे में है जिसने कभी ना कभी मधुपान किया हो या करने की कोशिश कर रहा हो और कर नहीं पा रहा हो। उसके मन का डर भी इस कविता में सहेजा गया है। मधु के विषय में गहनता से बहुत बार लिखा गया है एवं अलग अलग अंदाज में इसकी व्याख्या की गई है परंतु इतनी सरल एवं सहज भाषा में, कविता के रूप में शायद यह पहली बार लिखा जा रहा है। इस कविता के अंदर मधु लेने से पहले और उसके अंतिम चरण तक पहुंचने की प्रक्रिया को आम आदमी की भाषा में कविता के रूप में बताया गया है। हाला का रसपान करने से व्यक्ति के विचारों का प्रभाव किस तरह बहता है उसको कविता के माध्यम से आपके सामने प्रस्तुत किया है। यह कुछ पंक्तियां भी इस कविता का हिस्सा है।

"द्वार नरक के खुल्ले रखना
जब भी आऊँ तेरे द्वारे
बस संग में रहने देना
मेरी मदिरा और प्याले
तुझसे ना कोई शिकवा होगी
होगी संग साकी़ बाला
नर्क में होगा स्वर्ग का वास
साकी़ तू पिला दे आज"

*****

कवि के बारे में

कहते है ना हर इंसान के अंदर एक कवि छुपा होता है बस देखना यह है कि वह बाहर कब आता है। शायद कुछ ऐसा मेरे साथ भी हुआ। धीरे धीरे मेरे अंदर की कवि ने जन्म लिया और "साक़ी तू पिला दे आज" इसी की देन है।

लेखक एवं कवि धीरज अग्रवाल एक बैंकर है एवं यूनियन बैंक ऑफ इंडिया में अपनी सेवाएं दे रहे हैं। मुलत: जयपुर निवासी वर्ष 2017 से ग्वालियर में अपनी सेवाएं दे रहे हैं और इसी वर्ष से मेरे अंदर एक कवि ने जन्म लिया और धीरे-धीरे कविताएं लिखने का जुनून सामने आने लगा। मेरी बहुत सी कविताएं बैंक की गृह पत्रिकाओं में सम्मिलित की गई। मैं यूनियन बैंक ऑफ इंडिया का तहे दिल से शुक्रिया अदा करता हूँ जिसने बहुत बार मुझे अपने हुनर को निखारने के लिए मंच प्रदान किया। इस कविता को लिखने में कोविड-19 का भी बहुत बड़ा योगदान रहा। जब मैं कोविड-19 से ग्रस्त था और घर में क्वॉरेंटाइन था तो इसने मुझे मेरे हुनर को निखारने का मौका दिया और इस कविता की शुरुआत हुई।

Email: dheerajagarwal129@gmail.com

अनुक्रम

मयखाने की इतनी यादें
कुछ खट्टी कुछ मीठी बातें
साकी़ तेरे हाथों में है
मयखाने की बातों में है
रस पान भरी इन रातो में है
कुछ तो तेरी आँखों में है
आँखों में है इतनी याद
साकी़ तू पिला दे आज

*****

एक नशीला लौटा सा है
कुछ तो दिल में टूटा सा है
एक अधूरी इच्छा सी है
दिल में कुछ तो गुस्सा सा है
खुशी का मारा गम का हारा
आता हर रोज तेरे द्वारा
घट घट पीने की तेरी बात
साकी़ तू पिला दे आज

पहली बार घट से उतरा
तेरी धरा का इक इक कतरा
डर डर के मैं पीता जाऊँ
बात किसी को कह ना पाऊँ
साथी तेरा रंग लगा के
मयखाने मे जाता जाऊँ
चैन मिला है मुझको आज
साकी़ तू पिला दे आज

*****

नशा छा रहा दूजी बार
तेरी महफिल मेरा यार
डर भी मुझसे दूर जा रहा
तेरा नशा मुझ पर छा रहा
एक अकेला पी लेने दे
साकी़ मुझको जी लेने दे
आज रही ना तू बेकार
साकी़ तू पिला दे आज

शेर बना मैं तीसरी बार
अब थी बस मेरी सरकार
मेरी जिद्दी मेरा प्यार
कार चलाएगा तेरा यार
तेरे मयखाने के चक्कर में
आज लगा है पहली बार
अब ना होता मुझसे इंतजार
साकी़ तू पिला दे आज

*****

राजा बनकर है तैयार
चौथे चक्कर में मेरे यार
नशा छा रहा मुझको यार
तुझको गटकू मैं हर बार
मयखाने की सारी नदियाँ
लोटा भर भर कर लेने दे
तेरे दर पर भटका हर बार
साकी़ तू पिला दे आज

साकी़ तू भी बड़ी निराली
रस का मर्दन करने वाली
साकी़ तेरी अजब कहानी
जैसे बहता कल कल पानी
तेरी मदहोशी की ज्वाला में
आग लगा दी मधुशाला में
मय मे रहा न कोई राज
साकी़ तू पिला दे आज

*****

तेरी सरकारे भी चलती
मेरी इस मधुशाला से
सभी जगह इसके रखवाले
कतरा कतरा पीने वाले
वक्त का दरिया बहता जाए
बह बह कर कुछ कहता जाए
तेरी महफिल में इसका वास
साकी़ तू पिला दे आज

तू कल कल बहती रहती है
मैं प्यासा रह जाता हूँ
तू आधी रह जाती है
मैं पूरा हो जाता हूँ
हर गम में तूने साथ दिया
तूने मुझकों अपना मान लिया
मुझमें रही ना कोई बात
साकी़ तू पिला दे आज

*****

मन का मयूरा नाच रहा है
कुछ पाने को चाह रहा है
अधर लबो की चाहत में
दिल का अरमान जाग रहा है
जब भी खुद को तन्हा पाया
तूने ही मुझको अपनाया
तेरे सर पर गमों का ताज
साकी़ तू पिला दे आज

तेरे दरवाजे पर आने में
मुझको लग गए इतने साल
मंजिल तू ही नगमा तू ही
काहे भटका, मैं इतना यार
साकी़ तेरे मयखाने में
आज लगी है मेरी क्लास
शाम बनाकर जाम लगाकर
साकी़ तू पिला दे आज

*****

तेरे मधु से बनती मधुशाला
मैं तो हूँ बस पीने वाला
आग लगा दे दुनिया में
खुला रख तू मय का प्याला
साधु संत फकीर भी माँगे
मिल जाए मदीरा का हाला
हाला से बुझेगी प्यास
साकी़ तू पिला दे आज

जरूरत नहीं थी मयखाने की
जब तक आ लगी ना अंदर
बार-बार में ढूंढा खुद को
लेकिन शिद्दत मिली ना मुझको
आखिर मैं फिर बाज ना आया
खुद को फिर भी तन्हा पाया
गम का साथी मिला है दास
साकी़ तू पिला दे आज

*****

आज मिला है मुझको हाला
साकी़ बन तेरी मधुशाला
रोज पिला दे घट घट करके
झलका कर नयनो की माला
पहले मन में मदिरा घोलें
फिर मदिरा जो मन से बोले
उसकी कीमत का नहीं है जाप
साकी़ तू पिला दे आज

तू मधुबन की गगरी है
मैं सागर का पानी हूँ
तू निर्मल सी बहती रहती
मैं मय का गहरा ज्ञानी हूँ
तू निश्चल सी बहती रहती
मैं अविरल सा अभिमानी हूँ
तेरा मकसद मुझ में मिलना
मेरा मकसद सब मे घुलना

*****

एक मुसाफिर आया भटक कर
चक्कर खाया मुझको चखकर
मैं भी निर्लज्ज होकर बैठी
जब तक उतरी, ना लब को छूकर
नशा सा उसको ऐसा छाया
होश कभी न उसको आया
कोस रहा था सारी रात
साकी़ तू पिला दे आज

साकी़ तेरे नैनों से
आज पिला दे तू हाला
तेरे दर पर आकर के
फिर झलकेगी मधुशाला
आँख मिलाकर मधुशाला में
जब झलकाया, मदिरा का प्याला
आज गिरेगी मुझ पर गाज
साकी़ तू पिला दे आज

*****

एक भिखारी रब के दर पर
बैठा रहता है दिन भर
चार चवन्नी आती है
हिस्से में उसके घर पर
आज लगा था उसका नंबर
मधुशाला के घर के बाहर
पीर फकीर का दामन था
खुशियों से अब भरकर
मयखाने में दम का ताज
साकी़ तू पिला दे आज

दुनिया ने लूटा है मुझको
क्या तुम भी मुझको लूटोगी
तेरे द्वारे आया बिकने
मुझको क्या तुम खरीदोगी
आज पियूँगा जी भर तुझको
जब तक तुम पिलाओगी
साथी बन कर रहूँगा खास
साकी़ तू पिला दे आज

*****

साकी़ तू भी है दीवानी
भरकर मय को पिलाने वाली
मिलने आते तुझसे ही तो
मधुशाला में तेरे दीवाने
कोई तुझको छूना चाहे
आलिंगन को जी मचलाए
तेरी अदाएं सबको भाये
हाथ किसी के तू ना आए

जो कभी थे मालामाल
होकर बैठे हैं कंगाल
इसने बहुतों को डुबोया
धीरे-धीरे समझ में आया
जब तक आया, सब कुछ खोया
खुद को फिर भी, अकेला पाया
बाकी रहा ना कुछ भी पास
साकी़ तू पिला दे आज

*****

मयखाने की गलियों में
फैरी करता मैं हर रोज
नाम किया बदनाम किया
तेरे मयखाने ने काम किया
मय मे आने की जद में
हर इंसा ने दाम दिया
तभी मैं पहुंचा आज यहां तक
साकी़ तू पिला दे आज

पहला जाम था तेरे नाम
तू ही थी मेरी पहचान
मय भी तू था, तू भी मय था
दोनों का था एक ही नाम
मेरे जलवे से तू हैरान
करता रहा मेरे गुणगान
हर महफिल का मैं हूँ राग
साक़ी तू पिला दे आज

*****

दूजा जाम लगाते ही
कुछ अंदर कुछ बाहर होता
इसने अब, मेरा दोस्त बनाया
क्या हुँ मैं यह बतलाया
मेरे वजूद का सिक्का भी
मयखाने में चलता जाए
क्यों समझा इसको अभिशाप
साक़ी तू पिला दे आज

मेरा नंबर अब तीजा आया
ज्ञान चक्षु अब खुल कर पाया
तेरे मय के मयखाने मे
दिल का पंछी उड़ता जाए
तेरे मन का हाल जानने
मधुशाला में जाता जाए
तेरे बिन ना करूंगा काज
साकी़ तू पिला दे आज

*****

चौथे में था काम तमाम
अब बचा ना था मेरा ईमान
तेरे दिल के दरवाजे पर
मेरा था अब अभिमान
मैं भी था अब झूम रहा
तेरे दरवाजे के अंदर
हो गई मेरी, खुद से पहचान
साकी़ तू पिला दे आज

महकई सुरमई आती
तू धधकाती है ज्वाला
तेरे बाणो से बचा न कोई
हर घर झलकाती पैमाना
पैमाने में हर कोई उतरा
जिसने भी छलकाया जाम
रास भरी इन रातों में
साकी़ तू पिला दे आज

*****

आज गोधूलि बेला में
फिर मिलेंगे हम दो यार
आज महफिल फिर से सजेगी
फिर से होगा तेरा गुणगान
आज तिष्णगी पूरी होगी
आज महकेगी फिर से शाम
आज लगी है फिर से बाजी
शाम लगेगा फिर से दाव

टकराते है जाम तमाम
खुल कर लेता हर इंसान
ध्यान किसी का, कहीं न रहता
मदिरा करती ऐसा काम
कुछ लेते चुप चुप कर यारों
कुछ हो जाते महफिल की शाम
मेरे अंदर की, बुझा दे प्यास
साकी़ तू पिला दे आज

*****

पहले टकराते है जाम
फिर करता है मदिरापान
कोई लेता है राम का नाम
कोई करता अल्लाह को सलाम
एक ही मधुशाला में बैठे
दोनों करते मदिरापान
जात न होती मयखाने की
होते हैं सब एक समान

तेरी महफिल में बैठे हैं
दुनिया से रुसवा होकर
इस जग ने ठुकराया सबको
पर तूने अपनाया मुझको
तेरी महफ़िल में मिला है साज
काफिर रहा न कोई आज
जीवन की इस मधुशाला को
साकी़ तू पिला दे आज

*****

कुछ गम में आ जाते हैं
कुछ शब् में आ जाते हैं
तेरे नगमो के परवाने
हर महफिल में छा जाते है
अभी पिला दे पूरी रात
साखी के हाथों में हाथ
तुझसे छुपा ना कोई राज
साकी़ तू पिला दे आज

मयखाने में जाते ही
हम हो जाते है बदनाम
रसपान किया नहीं मैंने तेरा
मधुशाला ने कर दिया काम

आज जुनून है तेरा मुझको
पियूँगा तुझको इक शाम
हसरत होगी पूरी पाक
साकी़ तू पिला दे आज

*****

तेरे द्वारे से निकले
झूम झूम कर गाते गाते
कभी संभाला कदमों को
और जिव्हा को दिया विश्राम

डरते डरते घर पर पहुँचा
मुँह में रखकर इक पान
आँख झुकी थी तल पर
और ले रहे थे हरि का नाम

द्वार खुला और डर को पाया
हिम्मत करके आगे आया
आगे आकर फिर मुस्काया
डर पर अपने काबू पाया
मन ही मन को फिर समझाया
जल्दी-जल्दी खाना खाया
डर लगता है हर बार
साकी़ तू पिला दे आज

*****

गम भरी आहों में खुलती
खुशी के हर नगमें में घुलती
मिल बैठे जब चार दोस्त
काहे फि र तू गम को कोस
मयखाने से जीना सीख
अपने में तू रहना सीख
तुझ में ही तो रब का वास
साकी़ तू पिला दे आज

महफिल में करती है बातें
साकी़ तेरी दोनों आँखें
अधरों से ही मुझे पिला दे
हम है तेरे चाहने वाले

साकी़ तेरे मयखाने में
मय का तू बना दे जाला
मकड़ी बनकर घूमू दिन भर
जब छलकाये मदिरा का प्याला

*****

हुई तब से, शुरू यह कहानी
जब मुझ पर थी चढ़ी जवानी
दिल में है, अरमा न जगे से
कब होंगे यह सपने पूरे

इक दिन था चढ़ा जोश ये
गटकूंगा तुझे पूरे होश में
मेरे दिल का मयूरा बोला
पी लूं तुझको हौले हौले

मैं भी थक कर हार गया था
जीवन तुझ पर वार गया था
तुझसे मिलने ही हर शाम
आता था मैं मय के नाम
किस्मत का था इसमें काम
मिला ही देता मुझको हर शाम
मेरी मृगतृष्णा सी, प्याला को
साकी़ तू पिला दे आज

*****

किस्से कहने वाले आते
किस्से सुनने वाले आते हैं
हर किस्सों में तेरा जाम
कभी ना भुला तेरा नाम
जितना पीता उतनी चढ़ती
चढ़ने में तेरा ही काम
चढ़कर गिरने पर भी कहता
साकी़ तू पिला दे आज

कभी गम के फसाने में
कभी सुहाने मौसम में
कभी प्यार की ऐतबार मे
कभी थोड़ी सी तकरार में
कभी दिल ने कहा यूं ही
और कभी किसी ने धोखा दिया तो भी
कभी दोस्त के वापस आने में
पर कभी साखी को मनाने में

*****

रह जाती हैं बस यादें
कुछ खट्टी कुछ मीठी बातें
कुछ यूं ही झगड़ा कर लिया
और कभी यूं ही गले मिल लिया
बस यूं ही थोड़ा बहाने से
जाम छलका लिया पैमाने से
बस यूं ही अपनों की खातिर
साकी़ तू पिला दे आज

पीता है हर कोई
मैं हो जाती बदनाम
कोई हुआ बर्बाद भी तो
ले करके सिर्फ मेरा नाम
मैं मदीरा हूँ, खुद प्यासी
रहकर भी मैं प्यास बुझाती
और तुझसे मिलकर के भी
खुद हो जाती बदनाम

*****

साकी तेरी अधूरी कहानी
कहाँ से आई, कैसे आई
मुश्किल से मय में आकर
तूने अपनी जगह बनाई
क्या थी तेरी बेबसी
जो तुम मयखाने में आई
जान सका न कोई भी
ऐसी क्या मजबूरी पाई

साकी़ पर ही मरता है
हर दिल हर दिल करता है
जहाँ भी जाए तुझको पाए
दीवाना दिल कहता है

मेरी साकी़ बड़ी सयानी
मुझ पर ही मरती दीवानी
क्या है तेरी अधूरी कहानी
बतलाती कवि की ज़ुबानी

*****

मेरी कविता तुझको अर्पण
साकी़ ने दिखलाया दर्शन
घूम रहा था आधा अधूरा
तुझसे मिलकर हुआ हूँ पूरा

मेरा अब तो नहीं बसेरा
सब लगता है बस अब तेरा
तेरे जीवन की महफिल में
साकी़ तू पि ला दे आज

दर्द भरी उन रातों में
जब मैं ठीठुरा करता था
कहाँ थे तब दुनिया वाले
जब मैं बिल्कुल तन्हा था
तू ही मेरा सच्चा साथी
साथ दिया उन रातों में
हाथ बढ़ा के साथ निभा के
साकी़ तू पिला दे आज

*****

भाव भंगिमाओ वाले मुख पर
है तृष्णा की काली छाया
मेरा मुख मलिन हुआ पर
मेरा दुख तुझ पर है छाया
अभी भरा है मेरा दामन
जब जब तूने मुझको अपनाया
लेकर रहूँगा तेरा साथ
साकी़ तू पिला दे आज

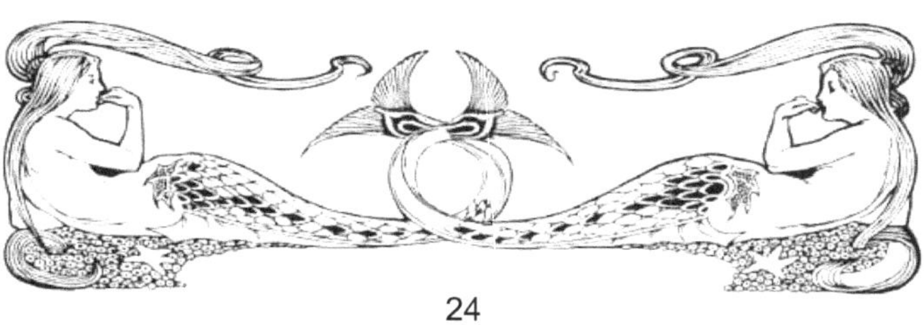

चोट लगी और दिल है रोया
क्यों है, इतना तू खोया
सोच न इतना, हे हमराही
दर्द से ही तो इच्छा आई
तुझ में डूबा\ खुद को पाया
पाकर ही समझ में आया
तुझ से ब ड़ा न कोई राही
दर्द में सिर्फ काम तू आई

*****

मद मे लहराती तेरी लटकन
मद में लहराता मेरा मन
प्यास लगी है मदिरा की
और तू झलकाए जाम
साकी़ तू बन महबूबा
मेरे आँसू ले ले रे
साकी़ मेरे ये दो जाम
आज रात है बस तेरे नाम

जाने वाला चला गया
बस लेकर के तेरा नाम
एक अधूरी इच्छा थी
पी लेता तेरा एक जाम
दुनिया वाले देते रहते
दोष हमेशा तुझको ही
जीवन का है बस ये हाला
साकी़ तू पिला दे आज

*****

झूठ बोलते है घर को
जाते हैं बोल के, रब के घर को
पहन के घर से बढ़िया कपड़ा
जूते को चमका के बढ़िया
वाहन अपना साथ में लेकर
चल देते मित्रों के साथ
साकी़ तेरे मयखाने में
बुझ जाती है मेरी प्यास

पहले साकी़ को पास बुलाया
धीरे से उसने मुस्काया
पहले अपना नाम बताया
फिर धीरे से काम बताया
साकी़ भी थी बड़ी सयानी
धीरे से उसने भरी थी हामी
लेकर अपने हाथों में प्याला
मधुशाला में भरा था हाला

*****

तेरे नैनों से छलकाउ
मैं मधुशाला की गागर
पीने वाला तुझको चखकर
हो जाए मदहोश, सा पागल
तूने दुनिया में आकर
अपना नाम बना डाला
साकी़ तेरे मयखा ने ने
अपना काम बना डाला

पीकर मदिरा डर ना होता
भूत भविष्य अपयश ना होता
पीकर खुद से खुदका होता
राग लपेट मुझमे ना होता
मुझसे मेरा नाता होता
तुझको ये ही भाता होगा
साकी़ तेरी मधुशाला में
अपना भी तो खाता होगा

*****

आँख मिलाके साकी़ तुने
दिल पर है यू डेरा डाला
मेरा मुझ में रहा न बाकी
जब छलकाया नैनों से प्याला
तेरी ज़िद का बना शिकार
कर दे अब तू दिल प र वार
खुद को मिटा कर तुझको पाया
तब साकी़ मुझे जीना आया

साकी़ तेरी मधुशाला में
मैंने बिताए इतने साल
आज भी तुझसे मिलकर लगता
मिला हूँ तुझसे पहली बार
हर बार साकी़ नई नवेली
मुख पर है दुल्हन सी लाली
तेरी लाली के चक्कर में
लुट गया मैं बीच बाजार

*****

जब भी घर से निकाला जाता
तेरे द्वारे पर ही आता
तू ही तू है एक सहारा
टूटे दिल की उम्मीदों का
हम सब की उम्मीद बंधी है
तेरी इस मधुशाला से
अब टूटी है दिल की आस
साकी़ तू पिला दे आज

पहले चीयर करते सब यार
उस पर गले में घट की धार
घट घट करके पीते जाते
जी लेते जो दिन है चार

हम सबकी तू तृष्णा है
तुझको पाना सपना है
मेरे उन सपनों की खातिर
साकी़ तू पिला दे आज

*****

शादी की तो तू है शान
मिल जाता जब मय का जाम
दौड़े फिरते हैं बाराती
हर गुस्ताखी को सलाम

दुनिया वाले कहते रहते
बस यही रहता मेरा मयखाना
साकी़ बन फिर नाचूँगा
आज पिला दे तू हाला

नागिन बनकर नाचेगा
शादी में हर बाराती
वही खुलेगी मदिरा भी
और वही मिलेगा हाला भी
हाला के चक्कर में जाने
कितने प्याले टूट गए
और प्याले के चक्कर में जाने
कितने हाला छूट गए

*****

शोक अर्थी की उठके जाती
गम में रहता हर जनाजी
दुख के उसके कोई न था
छोड़ देता जब कोई अपनी बाँह
फिर भी जाने अनजाने
सब्र ही तेरी दुख की राह
गम में बैठा हर इंसान
मिला है उसको तेरा निशा

इक इक शब्दों को सींचा है
कवि ने अपने हाथों से
साकी़ के निश्चल अधरों को
अपने प्यासे अधरों से
तुझ को समर्पित मेरी कविता
तू ही इसको सुनने वाला
साकी़ बनकर आई मधुशाला
हर मोजी है पीने वाला

*****

जिंदा रहना है जरूरी
तूने ही तो सीखलाया
मुर्दा जान के सबने ही तो
था मुझ को फिर ठुकराया
मेरी मधुशाला भी तुझसे
तेरी हर बाला है मुझसे
तुझसे ही आशाँए मेरी
मेरी हर ख्वाहिश है तेरी

दो अक्षर का नाम है साक़ी
तेरा जग में नाम ही काफी
साक़ी तू है मेरी बाला
मदहोशी फैलाने वाला
मजबूरी सी तेरी जवानी
जैसे बहता आँख से पानी
शुरू हुई तेरी यह कहानी
बतलाता कवि अज्ञानी

*****

भावो की निस्तेज लता पर
बैठी है साक़ीवाला
आने वाला हर कोई उसकी
जपता है हर दिन माला
एक अकेली साक़ीबाला
हम हैं जमघट की गाला
साक़ीबाला हर को पिलाती
जो जपता है इसकी माला

स्वर्ग में कहते हैं मधुशाला
यहां पर तू है मेरी मयशाला
जगह जगह पर नाम अनेक
तुझको पीने वाला है एक
कहीं-कहीं प्याला छलकता
कहीं तो बोतल ही हाला
पीने वाला हर कोई बोले
साकी़ तू पिला दे आज

*****

आज नदी के पास बैठकर
कल कल करता झरना आया
झरना टूटा नदी को पाया
संगम क्या है यह बतलाया
नदी है प्याला
झरना है हाला
दोनों के मुख पर है झाग
साकी़ तू पिला दे आज

कभी तेरे जमघट से यूं ही
मन बावरा उचट गया
जाने अनजाने ही क्यों
मेरा शहर सिमट गया

क्या मेरी मधुशाला ही
है जीवन का संपूर्ण सत्य
मेरी कल्पना मेरा प्याला
मेरी साकी़ मेरी बाला

*****

प्यार बढ़ाने वाली हाला
छोटा नहीं है कोई प्याला
मुझसे पावन न कोई दूजा
सब करते मेरी ही पूजा

एक प्याले से प्यार बढ़ा दे
फिर चाहे तू विष ही पिला दे
तेरी अंदर कुछ है खास
साकी़ तू पिला दे आज

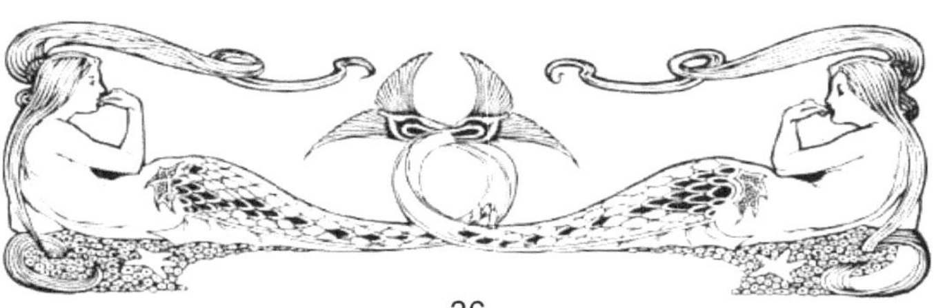

कैसे कर दूं एक पंक्ति में
तेरा वर्णन तुझको अर्पण
तू धरा की अद्भुत धारा
तू जीवन रस का प्याला
एक दवा सब मरहमो की
हर घावों का है रखवाला
दर्द में भी है तुझ पर नाज
साकी़ तू पिला दे आज

*****

मेरे अंदर एक समंदर
गुपचुप गुपचुप रहता है
बह ना जाए इसके अंदर
डर यह मुझको रहता है
सब कुछ कह देता तुझसे
भावो को छलकाती हाला
बात न रहती है अधूरी
जब मिलता है मुझको प्याला

एक अप्सरा उतरी है
छन छन करती पायल से
स्वर्ग से सुंदर झील सी गहरी
करती है सबका मनोरंजन
कहीं नदी है कहीं समुंदर
कहीं जमी है कहीं है ऊपर
अंतर ना होता है तब
जब पी लेता मधु का रस

*****

अंगूर की बेलो ने
कुछ ऐसा जादू डाला
बहका है यहां हर कोई
और झूमे हर मतवाला
लेकिन कितने अंगूरों ने
दी है अपनी कुर्बानी
तुझ पर ही तो रक्त का ताज
साकी़ तू पिला दे आज

वृद्ध नहीं होता है कोई
जो करता है इसका पान
आनंदमय हो जाता उसका
पूरा जीवन हे इंसान
मैं तो तुझ को पाकर ही
खुद से मिलने आया हूँ
मिलन की है पूरी रात
साक़ी तू पिला दे आज

*****

धर्म ना होता मधुशाला का
होते उसमें एक समान
मधुशाला में हर कोई पीता
धर्म न होता उसकी पहचान
कुछ ना होता है मंदिर मस्जिद
ना ही इस में जलन की ज्वाला
पीने वाला हर कोई बोले
पहना दे मधु का चोला

जब भी देखा मैंने आईना
झूठ ही सबमें पाया है
खुद की आँखों में भी
खुद को खुदगर्ज ही पाया है
एक पेमाने ने मेरा
बस इतना सा काम किया
आँख मिलाकर आँखों से
झूठ का पर्दा साफ किया

*****

साकी़ तेरी बाँहों में
मैं खेला हूँ इतने साल
कभी डूब के काजल में
और कभी केश के जालो में
मैं मुरीद बन करके तेरा
कहलाता हूँ मधुकर सा
हाथों में हाथो को डाल
साकी़ तू पिला दे आज

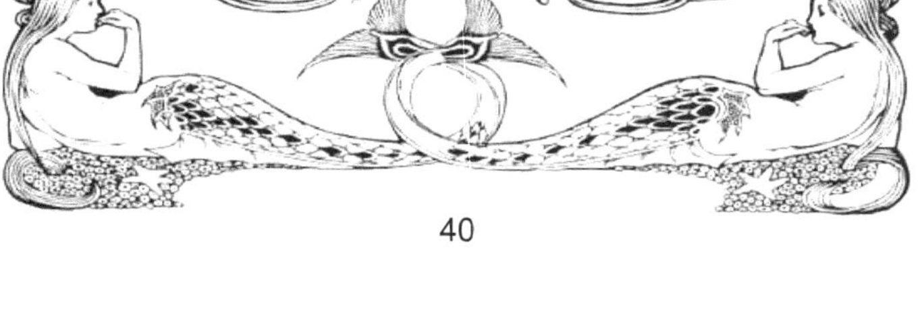

मैंने सबको तब तब पिलाया
जब अपने को खुश मैंने पाया
गम के भी अपने ही सोदे
अकेला रह जाता, सब होके
खुशी का ना कोई था सानी
गम में ना था कोई आनी
अपने सर पर भावनाओं का ताज
साकी़ तू पिला दे आज

*****

साकी़ तेरी याद सताती
हर दिन हर पल तू तड़पाती
मैं तुझको ढूंढा करता हूँ
महफिल महफिल बस्ती बस्ती
एक दिन मिलूँगा मैं भी तुझसे
मयखाने के द्वारे द्वारे
इसी उम्मीद में जारी है
चक्कर तेरे मयखाने के

जो बनाता है हाला
जिस से चलती है मधुशाला
वह भी इतना किस्मत वाला
हाला के बीच में रहने वाला
मेहनत से अंगूर को सींचा
सींचकर उसने रस बनाया
अंगूरों ने भी फर्ज निभाया
खुद मिटकर हाला कहलाया

*****

कुछ लोगों की शान बढ़ाए
कुछ लोगों का मान बढ़ाएं
मेरी मदिरा बस मेरी मदिरा
वह तो मेरा जाम बढ़ाएँ
साँस हवाओं में घुलती
मैं मदिरा, हर दिल में मिलती
मैं मौसम के साथ बदलती
जिसकी इच्छा वैसे ढलती

एक नारी पर मैं मरता
कुछ कहने से मैं डरता
बहुत दिनों से सोच रहा था
कुछ कहने की कुछ करने की
हर कोशिश नाकाम हुई
और दिल के दरवाजे पर जाम हुई
साकी़ तेरी मदिरा ने
फिर भी मेरा काम किया

*****

मदिरालय मे लगती बाजी
किसमें कितनी है बेताबी
दम है तो तू कर दे खाली
कहती मुझसे मेरी साकी़
पीछे कहाँ मैं रहने वाला
जब हो इज्जत की माटी
रख कर अपने दिल पर हाथ
साकी़ तू पिला दे आज

डर डर कर मैं घर पर पहुँचा
बीवी ने थी कुंडी लगाई
खोलते ही वह चिल्लाई
फिर तुमने झूठी कसमें खाई
अब ना लेगा तेरा यार
पर हर कसमे थी अब बेकार
लुट गया था मैं बीच बाजार
उसे समझाना था बेकार

*****

तेरे मयखाने की जद में
मंदिर मस्जिद सब कुछ भूला
मदिरालय में हो हर शाम
हर सुबह हो तेरा बसेरा
मेरा मंदिर भी था तुझसे
तेरी मस्जिद भी थी मुझसे
अब बता क्यों पियू ना आज
साकी़ तू पिला दे आज

साकी़ तेरी भरी जवानी
पहनी है तूने मस्त कमानी
जो भी देखे तुझको
आँखों से पिला दे पानी
ऊपर से यौवन भी तेरा
जैसे बहता कल कल पानी
साकी़ तेरी यही कहानी
हम मर्दों की है तू रानी

*****

कदमों को भी पता नहीं
बस चलते हैं तेरी ओर
रुकना भी चाहूं क्षण भर
बढ़ पड़ते हैं तेरी ओर
मेरा मन ना जाने क्यों
साकी़ में ही बसता है
उसको पाने की चाहत में
दर - दर मारे फिरता है

तूने सिखलाई है मर्यादा
वरना मैं तो बड़ा अभागा
जीवन में उड़ने की इच्छा
तूने ही बतलाया रस्ता
उम्मीदों की डोर बंधी है
तेरे तरकश की डोरी से
शुक्रिया हर पल करता हूँ
अपनी झुकी नज़रों से

*****

होश उड़ाने आती हर दिन
पहन के पायल पाँव में
तेरे कंगन की छन छन से
जगता हर दिन ये हाला
दिन अकेला कट जाता है
रातों में आती बाला
सु मधुर मधु का रस छलकाती
जपता है तेरा प्याला

जीवन को पाने में जाने
कितने हाला छूट गए
हाला को पीने की जद में
कितने प्याले टूट गए
प्याला है बड़ा किस्मत वाला
जब जब मिलती उसको हाला
हाला का भी यही जवाब
साकी़ तू पिला दे आज

*****

पहला प्याला खुद पी जाता
दूजा प्याला यार पिलाता
अब साकी़ का नंबर आता
अब प्याला खाली हो जाता
खाली हो कर मेरा प्याला
हाला हाला है चिल्लाता
हाला को फिर समझ में आता
तब प्याले की प्यास बुझाता

मेरी सरकारे भी तुझको
याद तभी तक करती हैं
जब जरूरत होती है उनको
अपने घर को भरने की
तुझ पर सारा जिम्मा देकर
अपना दोष तुझी पर डालें
और तेरे मयखाने में आके बोले
साकी़ तू पिला दिया आज

*****

सरकारों ने तुझको रोका
हर द्वारे पर तुझ को टोका
एक अकेली चली सदा तू
तेरे पीछे जमघट सारा
यही मौलवी यही है काजी
करते है तेरा बँटवारा
दुनिया करती उल्टे काम
हो जाती है तू बदनाम

सब रहते हैं जिंदा तुझसे
फिर भी तुझको कोसा करते
हर महफिल की शान से तुझसे
फिर भ हर इल्जाम है तुझ पे
सर रखकर इल्जामों को
अपना हक अदा है करती
तेरा काम है बहते जाना
वही काम तू करती जाती

*****

तेरा मुझ में होश नहीं है
मेरा तुझ में दोष नहीं है
दोनों हम एक रथ के साथी
पहिए हैं हम, प्याला हाला
हर जन्म में हम मिले हैं
मिलती है साकी़ वाला
अवगुण नहीं है तेरे पास
साकी़ तू पिला दे आज

मदिरालय के चक्कर में
मैं खुद को ही भूल गया
साकी़ का आकर्षण ऐसा
मैं उसमें ही झूल गया
मन को समझाया मैंने
तुझ सा नहीं है कोई दूजा
आकर्षण है तेरा खास
साकी़ तू पिला दे आज

*****

मन्नत पुरी करने जाते
मंदिर मंदिर मस्जिद मस्जिद
कुछ की हो जाती पूरी
कुछ नापते तेरी दूरी
साकी़ तेरे द्वारे आकर
भूले हैं सब गम अपना
फिर भी तुझ में कुछ है बात
साकी़ तू पिला दे आज

जादू की नगरी है माया
दूसरा न कोई काम यहाँ आया
ऐसा है सम्मोहन तुझ में
हर कोई खिंचा चला आया
छोड़ घरौंदा सोने का
साकी़ का सिर्फ होने का
मैं भी चला था तेरे साथ
साकी़ तू पिला दे आज

*****

मजहब के दीवानों ने भी
तुझ पर पहरा डलवा डाला
कोशिश करके तुझको भी तो
अपराध बोध से सजा डाला
पहरा तोड़ की फिर भी आई
अपनों से तो मिलने को
मिलन की है आज की रात
साकी़ तू पिला दे आज

एक अकेली तेरी साकी़
एक अकेला मन है बाकी
दोनों जब भी मिलने जाते
दोनों मिलकर एक हो जाते
मिलकर भी है आधे आधे
अलग-अलग मंजिल बतला दे
दोनों में है गम की प्यास
साकी़ तू पिला दे आज

*****

मदिरा से करती है नफरत
बिन पूछे बिन जाने ही
इसके हाथों ही टूटे हैं
ना जाने फिर कितने घर
मदिरा सहती, चुप रहती
मुझसे जिंदगी, जिंदा दिल रहती
मुझसे ही है लाखों का वास
साकी़ तू पिला दे आज

मदिरा तूने काम कराया
जो मैं कभी कर ना पाया
मैं हूँ मदिरा मन की अच्छी
पीते ही हो जाती सच्ची
तू ही गम का एक लुटेरा
तुझ बिन ना होता सवेरा
तू नहीं गई किसी के पास
साक़ी तू पिला दे आज

*****

आँखों में सुरूर है ऐसा
तेरी मस्त जवानी का
तुझको पाने की चाहत में
हर कोई है तेरा दीवाना
तेरे दिल की धड़कन से
अब मेरा यह नाम जुड़ा
चाहकर भी मुझसे जुदा
होकर भी तू, हो नहीं सकता

मधुशाला की रंगत ऐसी
मंदिर मस्जिद भी है फिके
रुकू जहाँ पर मेरा डेरा
वही पे होता मेरा बसेरा
कभी यह लगती, छल है माया
कभी तेरे यह मन को भाया
मेरा तो बस मकसद इतना
तुझको पाना अब है सपना

*****

कभी फिरे तू मंदिर मस्जिद
कभी फिरे तू मधुशाला
कभी चले यमुना के घट पर
कभी मिले जब मृद प्याला
कहीं सुरा कहीं मदिरा बोले
कभी नाम मे अमृत घोले
विष भी तेरा हलाहल बोले
तभी तो तुझ पे मनवा डोले

अभी उड़ी है तेरी खबर
तुझ बिन ना होता है शहर
असर हुआ, बेअसर हुआ
कब यह शहर, बेखबर हुआ
मुद्दत के बाद मुझे घर मिला
और हम सफर हमदम मिला
अब ना रही कोई इच्छा शेष
साक़ी तू पिला दे आज

*****

खुले में बिकती हूँ लेकिन
खुले में मुझे पी नहीं सकते
अपनेपन से मिलती लेकिन
पास मुझे तुम रख नहीं सकते
साँझ सवेरे मेरी जरूरत
जरूरत पर तुम आ नहीं सकते
कोशिश करके मिली हो लेकिन
पीके मुझे तुम जा नहीं सकते

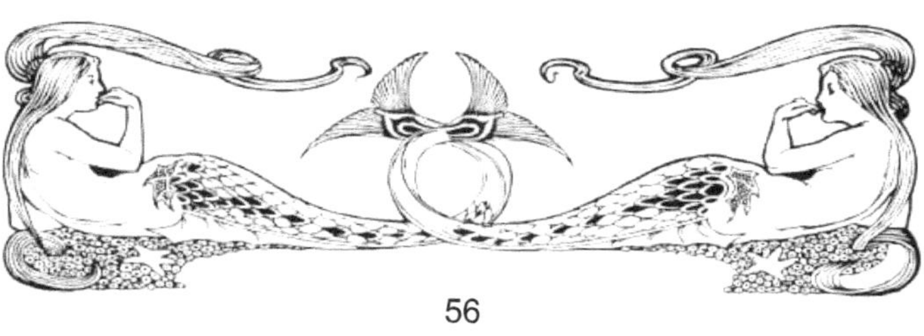

चाहिए मौत को भी बहाना
मुझे अपने पास बुलाना
लेकिन मैं साकी़ दीवाना
उसकी इच्छा से ही जाना

अंतिम इच्छा मेरी जान
पीना है मुझे अब तो जाम
जाम मिला है अंतिम बार
साकी़ तू पिला दे आज

*****

अभी भी मेरे घर में तेरी
इज्जत ना करते हैं लोग
बुरा भला बोले हैं तुझको
सुनकर लगता है एक शोक

फिर भी तुमने अपना समझकर
किया नहीं मेरा अपमान
जिंदा रहने का आगाज
साकी़ तू पिला दे आज

मैं भी पीता मेरा प्याला
और लिखता मेरी मधुशाला
एक है हरि की मधुशाला
इक है मेरी साक़ीबाला
दोनों का बस मकसद इतना
हाला को प्याले से मिलना
बस दोनों की रखना लाज
साक़ी तू पिला दे आज

*****

उम्र गुजारी है हमने
तेरे दर तक आने में
जाने कितनी सदियाँ बिताई
तुझ को घर तक लाने में
तूने लड़ी है लंबी लड़ाई
अब जाके है मंजिल पाई
तेरी इसी अदा पर, हमको नाज़
साक़ी तू पिला दे आज

मैंने अपने दिल के अंदर
कितने अरमा ही तोड़ दिए
और ना जाने कितने समुंदर
यू ही प्यासे छोड़ दिए
फिर भी शिकवा रहा ना तुझसे
जिंदादिल होकर, मिलता है मुझसे
तू ही है मेरा, सच्चा हमराज
साक़ी तू पिला दे आज

*****

दूर रहकर भी दूर नहीं है
अब तो यूं मजबूर नहीं है
खुली हवाओं में साँसे लेती
साक़ी मेरी अपनी बाँहों में
पीते ही खामोश हो जाती
बिना पिए बस बोले जाती
यही अदा है तेरी खास
साक़ी तू पिला दे आज

दुल्हन सी लगती है हाला
सजी बेड सी यह मधुशाला
आज मिलन की रात हमारी
पूरी होगी अब खुमारी
आलिंगन करता मैं साकी़
तेरी कोमल बाँहों का
आज नशा है पूरी रात
साकी़ तू पिला दे आज

*****

मधुशाला में इतनी राते
साकी़ हमने साथ बिताई
जाने कितने प्यालो को
अपनी मंजिल तक पहुंचाई
कितने हाला खत्म हो गए
अपनी साकी़ को मनाने में
मैं तो हूं बस उसका दास
साकी़ तू पिला दे आज

मदिरा है वादे करवाती
सच्चे झूठे ख्वाब दिखाती
मेरा खुद का नाम जुड़ा है
तेरे आखरी प्याले से
तेरे कदमों के नीचे है
मेरा मक्का और मदीना
तुझे बताऊंगा हर राज
साकी़ तू पिला दे आज

*****

नींद भी मुझको है आ जाती
साकी़ तेरी बाँहों में
चैन मिला है आकर मुझको
साकी़ तेरी राहों में
मैं अकेला यहाँ नहीं हूं
साकी़ तेरे मयखाने में
बनकर रहती सब की आवाज
साकी़ तू पिला दे आज

चाँद फलक से ऐसा उतरा
आकर तेरे मयखाने में
नूर से तेरे चेहरे को
अपनी आँखों में समाने को
साक़ी को जब देखा उसने
खुद की मूरत भूल गया
अब तक खोया रहा है वो
खुद की सूरत भूल गया

*****

मन में है कुछ भरा भरा सा
खाली करती है हाला
जब ना कोई काम है आता
काम कराती मधुशाला
साक़ी के द्वारे आते ही
राज खोलता यह प्याला
इन सब में बस एक ही बात
साक़ी तू पिला दे आज

फिर यारों की महफिल में
आज सजा है फिर से गुलशन
मदिरा करती है आलिंगन
मैं करता उसका अभिवंदन
जुड़ा है हर दिल का तार
यारा तेरे बिन है बेकार
महफिल है यारों की यार
साकी़ तू पिला दे आज

*****

बूढ़ा ना होता है कोई
जो करता है इसका रस वंदन
साकी़ भी करती है उसका
चार चरम पर अभिवंदन
मैं मुर्ख जिसे कुछ नहीं आता
तेरे गुण को समझ नहीं पाता
अपने अवगुणों का तुझ पे ताज
साकी़ तू पिला दे आज

जब जब तेरी याद सताती
प्यास यह मेरी है जग जाती
आँखों की है यह मजबूरी
तेरे दर पर आना जरूरी
बिन देखे तुझे चैन ना आए
बेताबी मिलते ही बढ़ जाए
पैमाना भी कहता जाए
साकी़ तू पिला दे आज

*****

प्याले की भी अजीब कहानी
सुनकर सबको है हैरानी
एक प्याले में मिलती हाला
दूजे में है गम का प्याला
एक लुटा है महफिल में
दूजे ने लूटी है महफिल
प्याले से दिन का आगाज
साकी़ तू पि ला दे आज

मैं भी करता हूँ हुडदंग
या करवाती मदिरा मुझसे
पीने का असर है यह
या साकी तेरे पैमाने का
गम की सारी जंजीरे तोड़ के
आया हूँ बस तेरे द्वारे
आहट से सुनती आवाज
साकी़ तू पिला दे आज

*****

हर दिन होता एक तमाशा
पीकर बहका ऐसी भाषा
चरित्र को उसने ऐसा तोड़ा
जुड़ ना पाया जिसने जोड़ा
शब्दों की मर्यादा खोई
भर ना पाई फिर वह खाई
मौका हुआ ना फिर इजा़त
साकी़ तू पिला दे आज

दुनिया से मिलते मतलब में
मधु है मिलती अपनेपन से
दुनिया देती सब को धोखा
मधु ने दिया, बस सबको मौका
मैं हैरान हूँ उसकी अदा पर
और वह बस, मुझ पर फिदा है
उसकी अदा पर सबको नाज
साकी़ तू पिला दे आज

*****

आग लगाती तेरी हाला
प्यास बुझाता मेरा प्याला
जगह नयी है, ख्वाब नयी है
पर साकी़ की बात वही है
मेरे जाम भी तेरे नाम
तेरे जाम पर मेरा नाम
हम दोनों का एक अंजाम
साकी़ तू पिला दे आज

कुछ गिरते हैं जमीन के अंदर
कुछ लहराते कदमों को
तेरे द्वारे से निकले है
अपने गम को भुलाने को
दुनिया ने बस गिरना सिखाया
मदिरा ने गिरकर समझाया
कोई नहीं है तेरा खास
साकी़ तू पिला दे आज

*****

जग की रुसवाई से निकले
आँसू भरकर आँखों में
जितना दुत्कारा है जग ने
उतना ही मजबूत हुआ
तेरे भरोसे लड़ता रहा मैं
कभी ना मैं मजबूर हुआ
मजबूरी में तेरा साथ
साकी़ तू पिला दे आज

कभी न रुठे मदिरा मुझसे
रूठे चाहे जग सारा
तेरे सहारे खुद को जीता
जीता मैंने जग सारा
तुझ पर सब कुछ अर्पण कर
और कहूं क्या, इससे ज्यादा
रहे ना तुझ पर कोई दाग
साकी़ तू पिला दे आज

*****

आँख मिलाकर मधुशाला में
जब छलकाया, मदिरा का प्याला
सिहर गया था पूरा तन
जब हुआ था तुझसे मिलन
अभी रहा था आधा अधूरा
तुझसे मिलकर हुआ मैं पूरा
अब पूरे हर जज्बात
साकी़ तू पिला दे आज

हर मदिरालय की अलग कहानी
हर राही को मंजिल पानी
मदिरा ने भी हमसे सीखा
हर साँचे में खुद को डालना
मंजिल को पाने की ज़िद में
खुद से खुद का अक्श बनाना
फिर मदिरालय में जाकर कहना
साकी़ तू पिला दे आज

*****

कभी चला ख्वाबों का मंजर
कभी उड़ा दिल का समुंदर
कभी खुशी में जमकर नाचा
कभी था बिरह का राजा
साकी़ तेरे मयखाने में
जब - जब था मुझको सीचाँ
सोना बन कर निकला, हर बार
साकी़ तू पिला दे आज

हर मौके का है दस्तूर
तेरा है बस यही कसूर
कभी है विरह का गम
खुशी का है कभी साया
मुद्दत की बात यह
तेरे कारण ही जीना आया
विरह में भी तू है साथ
साकी़ तू पिला दे आज

*****

मेरी ही है मंदिर मस्जिद
मेरा ही है हाला प्याला
जहाँ भी जाऊ तुझी को पाऊं
तेरा हूँ मैं रखवाला
फिर काहे को डरती रहती
मैं ही हूँ, तेरा हमराज
जनम जनम का, अपना साथ
साकी़ तू पिला दे आज

मंदिर मस्जिद में फिरी
लेकर के मैं पैमाना
किसी ने मुझको ना अपनाया
देता था हर कोई ताना
संघर्षशील मदिरा ने अब
खुद की भी, पहचान बनाई
आज है करती, दिलों पर राज
साकी़ तू पिला दे आज

*****

ऐसी कोई जगह नहीं
जो तुझसे है, छिपी रहे
हर दर तेरा है मंदिर
हर हाथों में तेरा प्याला
मधु मुस्कान है तेरे होठों
तेरी ही है, बृजबाला
मदिरा के अधरो की लाज
साकी़ तू पिला दे आज

द्वार नरक के खुल्ले रखना
जब भी आऊं तेरे द्वारे
बस संग में रहने देना
मेरी मदिरा और प्याले
तुझसे ना कोई शिकवा होगी
होगी संग साकी़ बाला
नर्क में होगा स्वर्ग का वास
साकी़ तू पिला दे आज

*****

क्या जरूरत थी इस धरा की
इसमे ना हो, जब पीने वाला
व्यर्थ रह गई दुनिया सारी
जब ना हो, मेरी साकी़ बाला
जख्म भी मरहम सा लगता
साकी़ तेरी आँचल में
धरा की सुंदर, इस ज्वाला को
साकी़ तू पिला दे आज

पीकर हुई नशीली आँखें
आँखों में है लाखों बातें
बातें ही करती है साकी़
इन नशीली आँखों से
आँखों से पिला दे साकी़
तेरे मन में जो है बाकी
आँखों में कटेगी रात
साकी़ तू पिला दे आज

*****

खुशी राज की हर दिन बाँटी
बाँटा है मैंने प्याला
नाम न जानू, इस महफिल का
जिसमें है मुझको जाना
मैंने तो बस इतना जाना
जहाँ है मदिरा, वहीं पर हाला
इन दोनों की है सौगात
साकी़ तू पिला दे आज

महक रहा था कण-कण मेरा
मधुशाला के आँगन से
महक रहा था जीवन मेरा
साकी़ के आलिंगन से
संदेश प्रेम का गाता रहता
और सब से मैं कहता रहता
तुझ बिन धडकन है बेकार
साकी़ तू पिला दे आज

*****

साकी़ मेरी हुई लड़ाई
मदिरा ने ही सुलह कराई
वरना बिन बातों में ही
हो जाती है हाथापाई
इतने अहसान है कर जाती
नहीं चुका पाता हूँ भाई
मेरी बचा लेती है लाज
साकी़ तू पिला दे आज

उम्र घटा देती है मदिरा
ऐसा कहते है सब लोग
रोग लगा देती है मदिरा
जब पीते हैं इसको लोग
उससे पूछो जो पीता है
हर पल को जो जीता है
लंबी उम्र का, क्या है काम
साकी़ तू पिला दे आज

*****

तेरे मयखाने में आकर
आकर तेरे मयखाने में
श्याम सलोनी ऐसी ढलती
पड़ी बेड़ियाँ खुल गई जैसे
तेरी महफिल में शामिल होने
छोड़ घरोंदा सोने का
पीतल में मदिरा का वास
साकी़ तू पिला दे आज

घोट घोट के जड़ बुद्धि को
सब ने यह समझा रखा
मदिरा से तुम दूर ही रहना
ना छलकाना तुम प्याला
अगर गिरे तुम मदिरा मे तो
झुलसेगी कोमल काया
फिर भी समझा ना, मैं बेबाक
साकी़ तू पिला दे आज

*****

संपूर्ण सत्य है मुझमें लेकिन
कहाँ कोई कहने वाला
लोक लाज का चिंतन करके
मोन हुआ है जग सारा
अभी किया है मैंने तर्पण
अपने उन विश्वासों का
जिस में बसता, है जग सारा
दुनिया की आवाजों का

कभी-कभी मधुशाला में
साकी़ भी है घुटती रहती
बाहर निकलने की इच्छा
उसका दिल अकुलाती है
शर्म हया के पर्दे से
जाने से घबराती है
मधुशाला से रिश्ता खास
साकी़ तू पिला दे आज

*****

मेरे मन की हलचल को
मिटा पाएगा क्या प्याला
और प्याले के अंदर ही क्या
समा पाएगी यह हाला
उमड़ उमड़ कर बाहर निकलती
प्याले से तेरी हाला
प्याले हाले का यह अंदाज
साकी़ तू पिला दे आज

कहीं कलम मेरी यह लिखती
तेरी इस मधुशाला को
मेरे मन का पँछी भी
चाह रहा है हाला को
मधुबन की गगरी से उठकर
आई है साक़ी बाला
तेरे ही अंदाज से मिलकर
पवित्र हुई है यह हाला

*****

साक़ी तूने पिला पिला कर
ऐसा जादू कर डाला
दुनिया से ही कट गया
अब ना है कोई नाता
अपने घर पर जाऊँ कैसे
साक़ी तू बतला दे मुझको
होश रहा ना मुझको आज
साक़ी तू पिला दे आज

जग की फिक्र करा हूँ हर दिन
नहीं बना पाया प्याला
खुद ही मर कर जीवित हो
नहीं उठा पाया हाला
अब जग का भय नहीं है
खुद बनाऊँगा प्याला
इस कोशिश में है हर आवाज
साकी़ तू पिला दे आज

*****

मदिरा भी है भोली भाली
हर हाले में जाने वाली
बिना नाम के जुड़ जाती है
चढ़कर के फिर दिखलाती है
दुनिया की बस एक ही हाला
है दुनिया की एक मधुशाला
लोक लाज सब छोड़ कर जाते
जपते है हर हर प्याला

एक कबूतर उड़ा है ऊपर
ऊपर है साकी़ बाला
मिलकर दोनों आलिंगन करते
कहती है मेरी हाला
लेती है अंगड़ाई, रे साकी़
दिल से यह आवाज है आती
तेरा ही हर दिल पर राज
साकी़ तू पिला दे आज

*****

हर मंदिर बन जाए मधुशाला
घर-घर बस तेरा ही प्याला
हर घट बस तेरी है ज्वाला
जपता हर पल यह मतवाला
एक अकेली मधुशाला मे
है दुनिया का रेला पेला
दुनिया को है, तुम पर नाज
साकी़ तू पिला दे आज

लगी नौकरी मेरी भी और
चढ़ी जवानी उस पर भी
बस दोनों का मिलन है बाकी
कहती मेरी कहानी भी
साकी़ मेरा होगा संगम
मधुशाला के आँगन में
संगम है आज की रात
साकी़ तू पिला दे आज

*****

दासता सुनाता हूँ हर दिन
बस यूं ही, तुम सुनते रहना
कभी ना करना परवाह जग की
बस मुझ में ही बसते रहना
साथ रहेगा, हर दिन अपना
याद रखेगा यह जग सारा
राख के है, चिंगारी पास
साकी़ तू पिला दे आज

चंचल मन ना जाने क्यूँ
बैजू बावरा उचट गया
कहीं ना लगता, कभी न सुनता
बस यूं ही, तुझ में रम गया
अब तुझसे ही हर लम्हा
अब तुझसे ही हर प्याला
मन पर करती, सभी की राज
साकी़ तू पिला दे आज

*****

पीकर मदिरा मन है बहका
बहका मन कुछ है कहता
उसे सुनाई देता प्याला
और दिखाई देती हाला
बेचैनी है मन के अंदर
खुला है, मदिरा की हाला
मरकर भी, जीने को बेताब
साकी़ तू पिला दे आज

मदिरा ही मदिरा है हर घर
हर मोजी है पीने वाला
लगी शाम जब मधुशाला
जपता निरंतर साकी़ बाला
तड़प तड़प के मर के भी
चाह रहा है तू हाला
हाला को भी तुझ पर नाज
साकी़ तू पिला दे आज
*****